Quatrième procès

DE

L'ÉMANCIPATEUR

et premier procès de

la Gazette de flandre et d'Artois.

Se trouve { à LILLE, chez Vanackere père, libraire.
à ARRAS, chez Topino, lib.
à CAMBRAI, au bureau de l'Emancipateur.

1836.

Cambrai, imp. de J. CHANSON, Libraire.

AUX JEUNES ROYALISTES

Fondateurs de L'EMANCIPATEUR.

———◦━◦◦━◦———

*C'est à vous mes jeunes émules, vous ma conso-
lation et mon encouragement dans la périlleuse et
aride carrière où je me suis engagé contre tous
mes goûts, c'est à vous que je dédie ce nouveau
trophée de notre dernière victoire.*

*Vous souvient-il de la première pensée qui nous
inspira l'Emancipateur?*

*Nous gémissions de voir l'esprit de coterie, l'in-
térêt et l'intrigue arrêter, dans ses plus nobles
élans, le vrai patriotisme, et charger souvent de
leurs honteuses entraves les défenseurs des institutions nationales et de la religion des ancêtres.*

*Nous formions des vœux pour voir s'élever, dans
nos provinces, une bannière autour de laquelle nous
pussions nous rallier, une bannière qui montrât
franchement à tous les yeux notre belle devise; et
qui fût toujours portée haut et ferme au*
rangs ennemis.

tôt réalisé, l'étendard fut déployé, et vous l'avez confié à ma main inexpérimentée encore.

C'est à vous de dire si j'ai justifié votre choix ; et si, dans les diverses tempêtes qui l'ont assailli, j'ai dignement porté votre pavillon.

Voici du moins que je vous le ramène victorieux, pour la quatrième fois, du tournois judiciaire.

Lisez la relation du combat, et jugez-moi après les juges du camp qui ont proclamé que j'avais bien et loyalement jouté.

Mais avant tout, rendons grâces et honneur à celui qui donne, comme il lui plaît, la victoire ou la défaite.

Puis, de cette palme qu'il nous a permis de cueillir, remettons avec justice la meilleure part entre les mains de notre fidèle et valeureux tenant d'armes, qui nous a soutenus si vaillammant dans la lutte, et qui, dans la mêlée, a porté les coups les plus redoutables à nos adversaires.

Si vous applaudissez à mes efforts, je reviendrai au poste que vous m'avez assigné, plein d'une ardeur nouvelle ; et je ne quitterai la brêche, que lorsque la grande voix de réconciliation et de paix criera d'en haut : c'est assez !

Avant de donner à nos lecteurs les détails du quatrième procès de *l'Emancipateur*, il n'est point hors de propos de leur tracer en quelques lignes l'historique de nos premiers démêlés avec le parquet de Douai.

Sa haine contre notre journal a éclaté avec toute la violence d'une éruption volcanique.

A l'occasion des lois d'intimidation , *l'Emancipateur* avait publié un article où il faisait ressortir l'étrange contradiction de ces lois de terreur contre la liberté de la presse , et de l'ancien fanatisme pour cette même liberté qui avait fait la révolution de juillet. Il prédisait aux auteurs de ces lois , que leurs efforts pour étouffer les affreuses conséquences du triomphe des maximes insurrectionnelles , seraient vains et stériles , tant qu'eux-mêmes n'abjureraient point ces maximes , tant qu'ils ne répareraient point de leurs propres mains les brèches faites par eux à l'édifice social.

Dans cette discussion toute logique , le parquet vit l'excitation à la haine et au mépris du gouvernement du roi , le délit d'attaques contre les droits que le roi tient du vœu de la nation française; et pour compléter dignement ce premier réquisitoire , M. le procureur-général découvrit encore le délit d'offense à la personne du roi dans un autre article du même numéro qui était intitulé: *tribulations d'un usurpateur.*

Ce n'était pas assez de ces trois chefs formidables d'accusation.

Quelques jours après, l'Emancipateur reçut un nouveau réquisitoire qui, cette fois, en vertu des lois récemment promulguées, le citait *directement* à la cour d'assises. Presque tous les autres journaux indépendants du ressort de la cour, étaient cités en même temps que nous. Nous n'avions donc pas à nous plaindre d'avoir été compris dans la battue générale. Seulement, *l'Emancipateur*, eut l'honneur d'être le premier de tous les organes sur lequel on fit l'essai des nouvelles lois; et, en cour d'assises, ce fut lui qui, au premier rang, soutint le premier feu des terroristes de la pensée, comme il les avait baptisés lui-même. Aussi, notre crime cette fois était-il *d'avoir manqué de respect aux lois*, parce que dans un article intitulé : *attitude de la presse royaliste, sous le feu des lois-Fieschi*, nous avions constaté les ravages faits dans les rangs de la presse indépendante par cette nouvelle machine infernale, en disant, pour conclusion, que » ces lois auraient préparé de grands triomphes à » une presse et à une cause qu'elles avaient cru écraser » par leurs formidables projectiles. «

Quant au troisième procès, il nous fut intenté, séance tenante, pour avoir déclaré dans une allocution adressée par M. Henri Garion à MM. les jurés, que « nous continuerions à défendre nos principes hors » desquels il n'y avait que mensonge et déception, et » que malgré les foudres des terroristes de la pensée, » nous ne courberions jamais la tête, en stupides ado- » rateurs, devant leurs faits accomplis. »

Grâces à l'éloquence de notre dévoué défenseur, M. Laloux, grâces au bon sens du jury, et à l'intégrité de nos magistrats, nous gagnâmes alors trois batailles en deux jours, contre MM. du parquet. Ils furent cinq mois à se reposer de leur triple défaite. On va voir comment nous avons relevé le gant qu'ils nous avaient jeté pour la troisième fois.

COUR D'ASSISES DU NORD.

Audience du 18 avril.

Présidence de M. de Warenghien.

QUATRIÈME PROCÈS DE L'ÉMANCIPATEUR.

———◆———

Un nombreux et brillant auditoire envahit de bonne heure l'enceinte de la cour d'assises. Les tribunes réservées aux dames, sont occupées par les personnes les plus notables de la société de Douai : on y remarque aussi des dames des villes voisines, attirées par le désir d'entendre la voix éloquente de M° Laloux et par l'espoir d'assister à un nouveau triomphe de l'*Emancipateur*. M. H. Carion, est environné de plusieurs de ses jeunes concitoyens qui sont venus lui témoigner, en le suivant sur le banc des accusés, leur attachement et leurs sympathies.

M. Hibon, avocat-général, a la parole pour soutenir l'accusation.

Par une inspiration assez malheureuse, le ministère public prend soin de rappeler à MM. les jurés, que dans deux procès précédents, l'*Emancipateur* a été vengé des persécutions du parquet par le suffrage de ses compatriotes qui ont repoussé, en l'acquittant, la complicité des persécutions intentées à la presse indépendante.

La pensée de l'exorde du réquisitoire, offrait, comme on le voit, un argument favorable à la défense. Telle n'était pas toutefois l'intention de M. l'avocat-général : car il a eu soin de nous apprendre que s'il avait intenté des poursuites à l'*Emancipateur*, c'était pour prouver qu'il ne partageait pas nos sympathies politiques. Nous sommes bien aises de connaître enfin le motif incompréhensible jusqu'ici des nouvelles rigueurs dont nous venons d'être l'objet : maintenant que MM. du parquet ont fait *leurs preuves*, nous espérons que l'*Emancipateur* pourra continuer en paix ses publications toutes légales.

Après être entré ainsi en matière, M. le procureur-général donne lecture du premier article incriminé, conçu en ces termes :

« Nous appelons toute l'attention et toute l'indignation de nos lecteurs, sur l'article suivant que publie un journal *officiel* allemand, la *Gazette d'Ausbourg*, sur l'occupation de Cracovie. Ennemis de la propagande républicaine, nous ne saurions trouver mauvais, que les rois auxquels la Providence a confié le sort des peuples, poursuivent les foyers de conspiration partout où ils couvent sous la cendre. Mais ce que nous ne pouvons tolérer, sans sentir notre sang bouillonner dans nos veines, c'est le ton méprisant, avec lequel des étrangers qui ont tant de fois éprouvé la valeur de nos soldats, osent parler du peuple français et de ses conquêtes.

« L'occupation de Cracovie, dit le publiciste prussien, est une sanglante réponse donnée par les puissances du Nord aux déclamations de la chambre des députés sur l'indépendance de la Pologne et les traités de 1815. C'est la réponse de Léonidas au roi Xercès qui le sommait de rendre les armes: *Viens les prendre !* La liberté de la presse depuis six ans, a dégénéré chez les Français en habitude de prendre des phrases vides pour des faits, et un bavardage sans portée pour une politique à remuer le monde. Aussi long-temps qu'on a, en Europe, regardé comme un événement les félicitations que reçoit un orateur descendant de la tribnne, les Français ont pu s'imaginer qu'ils étaient encore la grande nation d'Austerlitz. Mais c'en est fait de toutes ces rodomontades.

«Quelle impression font aujourd'hui les nouvelles de la France? Qui se soucie de savoir si M. Thiers est plus petit d'un pouce que M. Guizot, si le *Constitutionnel* est encore plus insipide et plus insignifiant que le *Temps*, et en quoi le tiers-parti se distingue des doctrinaires? Il n'y a plus que des coteries qui s'entregratignent avec une énergie et une intelligence d'épiciers. L'Europe détourne ses regards avec mépris et dégoût. On fait ce qu'on croit juste et politique, sans s'inquiéter même de l'existence de la France. Elle fera, pour l'occupation de Cracovie, ce qu'elle a fait jusqu'à présent: elle criera comme des marmots qu'on appaise avec quelques bonbons, et rien au-delà. Si les Français osaient ceindre encore une fois leur rapière et se livrer à leur fantaisie conquérante de ce côté du Rhin, ils verraient comme ils seraient reçus !

» S'ils ne peuvent oublier la frontière du Rhin, il y a des millions d'Allemands qui n'ont pas oublié celle des Vosges. Le souvenir de Rosbach vaut bien celui d'Iéna; et l'Alsace, la Lorraine, la Franche-Comté, pourraient bien redevenir provinces allemandes. Alors, nous permettrons aux français les grandes phrases qui doivent orner leur vingt-neuvième bulletin.»

Arrivé à cet endroit où finit la rodomontade du gazetier prussien, M. l'avocat-général fait précéder la lecture de notre réponse à ces outrages, de ces mots où il est difficile de voir autre chose qu'une insinuation perfide : « *Le sieur Carion* CONTINUE *ainsi* :

» Nous le demandons, jamais l'insolence alla-t-elle plus loin; et quelle est la nation qui, sous la restauration, eût osé faire à la France ce sanglant outrage? A quel degré d'avilissement nos prétendus *patriotes* nous ont-ils donc abaissés depuis la révolution de juillet, pour qu'on ose assimiler nos soldats à de ridicules féraillers, et menacer une partie de notre territoire de l'opprobre du joug autrichien? O malheureuse insurrection de 1830, il est donc écrit qu'après avoir ruiné la France, tu ne lui épargneras pas une avanie de la part des étrangers ! Heureusement que la honte retombe de tout son poids sur le front des misérables histrions qui exploitent notre triste patrie, et qu'à part leurs complices et leurs

1 *

compères, personne en France n'est atteint par la boue que tout le monde se croit en droit de leur jeter.»

M. l'avocat-général pressentant bien quel serait notre principal moyen de défense devant un jury français, s'efforce de prouver qu'il est encore plus jaloux que nous de l'honneur national; que lui aussi il supporte impatiemment les bravades de l'étranger. Et pour cela, il nous accuse d'abord de *continuer*, pour ainsi dire, l'article du journal allemand contre lequel nous avons si énergiquement protesté; il nous accuse d'exciter, au dedans, au mépris du gouvernement ainsi conspué à l'extérieur; il nous accuse enfin de ne voir la France grande et respectée que sous la restauration; tandis que lui, il se glorifie de confondre dans son attachement et dans son estime tous les régimes, tous les gouvernements. Puis, il se jette dans des développements fort éloquents sur la gloire que Napoléon fit conquérir à nos armées. Tout cela était d'autant plus beau, que ces souvenirs offraient avec le système actuel de la paix à tout prix, un contraste assez piquant; mais l'auditoire, en écoutant cette brillante page d'histoire, semblait répéter avec le bon Horace : *non erat his locus.*

Et en effet Napoléon faisant passer en 1806 son char victorieux sur les prussiens, nous vengeait-il de l'outrage que la Prusse vient jeter trente ans plus tard, à la France, sous le règne de Louis-Philippe 1er? Ah! certes, il faudrait pour laver, comme aux autres époques de notre histoire, l'honneur de notre pays dans le sang de nos insolents alliés, que quelque héros de nos glorieuses annales, pût sortir de la poussière des tombeaux; car ceux qui administrent aujourd'hui nos affaires se sont contentés, pour toute satisfaction, de la promesse d'une réprimande au gazetier prussien, pour les insultes publiées, et d'une censure *protectrice* pour l'avenir.

M. l'avocat-général passant au second article qui a éveillé la susceptibilité du parquet, le lit en entier.

Voici les phrases incriminées :

« Non, non! il faut avoir la force de le reconnaître : il n'y a que les hommes à principes fermes, invariables, qui puissent imposer silence à l'indignation qui fait battre le cœur de tout honnête hom-

me , réduit à vivre sous un régime où toutes les four-
beries , toutes les palinodies sont sanctifiées par le
succès , sous un régime où la condition de toute élé-
vation est , non plus l'honneur, le patriotisme , la
loyauté, toutes ces vieilles vertus françaises ridicul-
sées aujourd'hui ; mais l'astuce , l'audace , la trahi-
son et le cynisme !!! Oui , devant ce déplorable mais
trop fidèle tableau de notre époque , il n'y a que les
hommes du droit , ceux pour qui l'insurrection est
toujours illicite , qui puissent ne pas se laisser en-
traîner hors des bornes de la légalité. »

Le ministère public commente cette phrase et il ex-
horte MM. les jurés à montrer à l'accusé, en le con-
damnant, qu'ils ne partagent pas sa manière de voir sur
le régime actuel. S'élevant ensuite, à l'aide d'une figure
de rhétorique, à un grand mouvement oratoire, M. Hibon nous fait répudier , comme des *enfants ingrats et dé-
naturés* , par la France *heureuse et fière du gouvernement
auguste* (M. Hibon parle par hypothypose) *auquel elle
doit sa force et sa prospérité.*

Enfin M. l'avocat-général termine en disant qu'il at-
tend du jury un verdict de culpabilité; mais, par un
funeste pressentiment, il ajoute que , dans le cas contraire, il se consolera par le témoignage de sa conscience
qui lui dit qu'il a bien fait.

M° Laloux, défenseur de M. H. Carion , a la parole. Nous
allons essayer de mettre sous les yeux de nos lecteurs une analyse
de sa belle plaidoierie qui a captivé, pendant trois heures, l'attention du jury. Mais malgré la profonde impression qu'elle a faite
sur nous, forcé de recueillir nos souvenirs à la hâte , nous dé-
sespérons de parvenir à reproduire fidèlement tous ces mouvements pleins d'âme et de feu qui s'échappaient par une inspiration souvent sublime, au milieu d'une improvisation toujours
spirituelle et éloquente. Voici ce qui se représente à notre mé-
moire :

MESSIEURS LES JURÉS ,

Abonné à l'*Emancipateur* depuis sa fondation , ami
particulier de ses rédacteurs et leur défenseur habituel,
je lis tous les numéros de ce journal avec une religieuse
attention : parce que je crois qu'il serait de mon devoir
d'avertir mes jeunes amis , si , dans la chaleur des dis-

cussions politiques , ils se laissaient emporter au de là
des bornes de la modération et de la légalité.

Je dois le déclarer ici, devant vous, MM. les jurés, et
devant la cour, dans toute la sincérité de mon âme: depuis les premières poursuites intentées à l'*Emancipateur*,
je n'ai rien vu dans ses colonnes qui pût appeler sur ce
journal de nouvelles rigueurs du parquet.

J'y vois une rédaction brillante et variée, j'y vois des
articles *catholicisme* respirant un parfum de religion sans
hypocrisie , qui peuvent bien offenser le vieux libéralisme; mais qui remplissent de joie les cœurs plus purs de
la Jeune France. — Des articles de politique générale où
tous les événements sont jugés avec une modération de
pensée et une énergie d'expression également remar-
quables ; où toutes les questions sont ramenées aux
grands principes d'ordre sur lesquels repose la stabilité
des Etats.

J'y vois des articles *Légitimité*, éloquents... par leur
silence,et des articles *Variétés*,troupes légères de la pensée,où l'espérance,toute étonnée d'être criminelle,se voile
avec grâce et ingénuité , et sait revêtir des formes si pi-
quantes qu'elle a dû, plus d'une fois , dérider le front de
ceux-mêmes qui l'ont interdite à nos cœurs.

J'ai conservé le souvenir de l'émotion que produisit
sur moi l'article incriminé : il se trouve dans le numéro
du 20 mars — date funeste pour la France! — En par-
courant cet article, des larmes coulèrent de mes yeux ;
car j'y vis exprimé avec une chaleur toute patriotique ,
des sentiments généreux qui trouvent de l'écho dans tous
les cœurs français, quelles que soient d'ailleurs leurs
affections politiques. Et je me dis avec joie : cette fois
notre journal va conquérir tous les suffrages!.... Ce que
je ne confonds pas avec le suffrage unanime.

Eh ! bien . MM. les jurés , c'est pour cet article que
nous sommes cités devant vous ! C'est dans cet article
que le parquet a découvert une excitation à la haine et
au mépris du gouvernement du roi ! Si on nous accu-
sait d'excitation à la haine et au mépris du gouvernement prussien , nous serions tous les premiers à recon-
naitre la justesse de cette accusation ; mais que l'on
trouve dans notre riposte au gazetier prussien, une excitation à la haine et au mépris du gouvernement de la

France , voilà ee qui , pour nous , est encoie incompréhensible. »

Entrant ici dans l'appréciation de l'accusation , M°
Laloux en fait ressortir le vague et la maladresse. «Il faut
avouer , dit-il, que l'accusation qui nous est intentée,
est bien malheureuse. Et quel citoyen en effet, voudrait
s'en voir protégé ? Exciter à la haine et au mépris, quel
étrange délit ! Je voudrais bien savoir ce qu'auraient dit
les sages de l'antiquité, ce qu'auraient dit, par exemple,
Socrate et Caton, si un procureur-général était venu leur
apprendre qu'on excitait à la haine et au mépris de leurs
actes et de leurs personnes. Probablement, ils se seraient
enveloppés dans leur vertu , et forts du témoignage de
leur conscience , ils auraient laissé mugir autour d'eux
ces voix impuissantes.

» Mais quels sont donc ces hommes qui tremblent devant une excitation à la haine et au mépris de leur personne ? Ne se trouveraient-ils donc pas assez défendus
par leur propre dignité; ou bien , sont-ils en si grand
péril, qu'à la plus légère attaque, la justice doive s'armer
de toutes ses foudres pour les protéger ? En vérité, il y
a, de nos jours, des hommes qu'on prend plaisir à nous
représenter environnés de la haine et du mépris publics
comme d'un amas de poudre, qu'une étincelle peut faire
éclater.

M° Laloux félicite le ministère public d'avoir enfin
renoncé aux accusations d'attaque et d'offense à la
personne du roi, accusations si imprudemment prodiguées. Nous sommes heureux, dit-il, de voir que l'auto-
rité royale n'est plus en cause cette fois ; car nous, nous
respectons toujours la majesté royale, sous quelque bandeau qu'elle réside.

Après avoir remercié l'avocat-général de ce qu'il a eu
la loyauté de lire les articles tout entiers, M° Laloux,
pour prouver combien ces articles sont modérés, en
comparaison de ceux que la presse de Paris et des provinces a publiés impunément, à la même époque, fait
quelques citations.

Voici, dit-il, comment s'exprimait le *Bon Sens*, en
commentant l'article outrageant de la *Gazette d'Ausbourg*:

« Napoléon n'était pourtant pas physiquement plus grand que

M. Guizot , et M. Thiers lui-même pourrait, en temps de carna-
val, s'affubler de la fameuse redingote grise. D'où vient donc que
Napoléon apparaissait comme un géant aux patagons du Nord, et
que ses successeurs ne leur semblent que des pygmées, également
imperceptibles et méprisables? C'est que Napoléon ne mendiait
pas la paix à tout prix ; c'est que s'il comprimait la liberté en
France , c'était pour agir avec plus d'ensemble et d'impétuosité
contre les coalitions européennes ; c'est que s'il suspendait les
droits des citoyens , c'était pour faire d'eux des soldats, et de ces
soldats des rois.

« Le système du 7 août, les ministres du 15 mars et du 11 octobre ont aussi enchaîné la liberté de la presse et violé le droit
d'association; eux aussi ont attaqué le jury, rétabli les juridictions
exceptionnelles ; et ils ont dépassé les traditions de l'empire , en
désarmant le pays. Mais tout cela ils l'ont fait pour complaire à
nos rivaux de puissance et non pour leur tenir tête ; ils se sont
rapetissés , dégradés , pour effacer l'empreinte de leur origine
populaire , pour amortir la secousse que la révolution de juillet
avait imprimée à tous les trônes. Ils y ont trop bien réussi : confiance nationale , sympathie des peuples , puissance morale , ils
ont tout sacrifié et volontairement perdu ; la Sainte Alliance les
en remercie du même ton que Nicolas recevant les respects de la
municipalité varsovienne. C'est trop juste : ils ne sont plus à
craindre, et qu'est-ce en politique qu'un instrument usé ? »

Le même journal n'est pas moins énergique lorsqu'il juge
la situation où le gouvernement actuel a placé la France.

« Aujourd'hui, dit-il, qui songe aux promesses de juillet et au programme de l'hôtel-de-ville ? qui songe même à la charte ou à des
institutions quelconques ? Quelle loi écrite n'a-t-on pas violée?
Quelles convenances morales n'a-t-on pas foulées aux pieds ? Quel
drapeau est resté , autour duquel la nation puisse se rallier ? Tout
a été confondu et mêlé par l'ardeur aveugle de ceux qui ont vain-
cu, et ça été là tout le prix de leur victoire. Qui peut dire où sont
les amis et les ennemis, où sont ceux dont les principes n'ont reçu
aucune atteinte et que l'espérance n'a point abandonné? Qui peut
dire, dans ces tems de tactique et de rouerie, quels sont les hommes sur lesquels il faut compter? »

La Quotidienne traite tout aussi sévèrement la personne et le système des ministres :

« S'agit-il de la gloire nationale, il faut, dit-elle, se baisser
pour la voir à la hauteur de M. Thiers; avons-nous à nous occuper
de la prospérité du pays , c'est au projet de M. d'Argout sur le
sucre indigène qu'il faut s'adresser , projet digne de ces stupides
sauvages dont parle Montesquieu , qui pour manger le fruit,
coupent l'arbre. »

L'éloquent avocat entre dans la discussion légale de l'article et il établit que nous n'avons attaqué que la révolution de juillet, cause, suivant nous, des maux de la France; mais que nous avions le droit de juger les ministres et leur système. Car, le ministère ce n'est pas le gouvernement. Le gouvernement, nous dit la charte, se compose de la réunion des trois pouvoirs : le roi, la chambre des pairs, la chambre des députés. Les ministres, comme le dit assez leur nom, ne sont que des administrateurs. Et, en effet, jamais on ne s'est avisé de dire le gouvernement de M. Persil, le gouvernement de M. Thiers, le gouvernement de M. d'Argout : le gouvernement est plus haut placé. Et pourquoi attaquerions-nous le gouvernement constitutionnel? N'est-ce pas la restauration qui l'a fait succéder au régime de la terreur et au despotisme de l'empire? A ce titre, le gouvernement constitutionnel a droit à notre respect : car nous respectons tout ce qui nous vient du pouvoir vraiment national de la restauration. La restauration! elle savait du moins faire respecter le nom français. Quand nos troupes, afin de venger l'insulte que notre envoyé avait reçu d'un barbare, s'embarquaient pour aller planter le drapeau blanc sur les murs d'Alger, M. de Polignac répondit à l'Angleterre qui voulait s'opposer à notre glorieuse expédition; « Nous irons avec vous, ou sans vous, et malgré vous... » Voilà une réponse vraiment française, voilà comment, sous la restauration, on entendait la dignité nationale.

Ainsi il n'y a point d'attaque contre le gouvernement. Il n'y en a pas non plus contre le ministère ni même contre leur système. Et où M. l'avocat-général reconnaît-il donc les ministres? Quoi? *Prétendus patriotes,* —ce sont les ministres : *misérables histrions,* —ce sont les ministres; *les complices et les compères de ceux qui exploitent la France,* —ce sont les ministres! Encore une fois, l'accusation qu'on nous a intentée est bien malheureuse.

Que quelques ministres se trouvent attaqués comme hommes de juillet, soit. Mais encore, comment pourraient-ils se croire désignés sous ce titre? Nous ne confondons point, nous, les hommes de juillet, avec ceux qu'on a si bien nommés la queue de juillet. Les hommes de juillet, ce sont ceux qui, les armes à la main, ont fait la révolution par leur courage; les autres, ceux qui l'exploitent dans leur avidité. Les ministres sont-ils du nombre des *héros*? Non assurément, ceux-là avaient le cœur plus haut placé et le bras plus nerveux. Un seul de ces ministres a reçu l'insigne de juillet; et qu'on nous dise comment il l'avait mérité? En soufflant le feu de la révolte du bureau d'un journal, et nullement en se battant dans la rue. Quoi! pourrions-nous dire aux autres: vous, homme de juillet? mais vous étiez le messager de Charles X. Vous, homme de juillet? mais vous étiez, devant la chambre des pairs, les défenseurs des ministres renversés par juillet. Vous, homme de juillet? pourrions-nous dire à d'autres encore; mais sous la restauration vous vous appeliez Mangin!

Ce que nous avons attaqué c'est la révolution de juillet, la *malheureuse insurrection de 1830*, et nous en avions le droit. La révolution de juillet appartient à l'histoire, et chacun peut l'apprécier à sa manière. Et dès les premiers jours qui suivirent l'insurrection, la révolution ne fut-elle pas diversement jugée? Les uns la baptisèrent de l'épithète de *glorieuse*, d'autres la nommèrent plus humblement *une catastrophe*; il en est qui allèrent en demander pardon à l'empereur de Russie! Cela se conçoit: car juillet et août sont loin d'être la conséquence l'un de l'autre. Juillet voulait le renversement du trône et de la pairie: et qui ne se souvient en effet d'avoir vu effacer partout les insignes de la royauté jusque sur les enseignes des débitants de tabacs? Juillet voulait la république: Août est venu rétablir la forme du gouvernement constitutionnel. Juillet n'a pas amené Août par voie directe; mais par voie indirecte. Août a rencontré Juillet et il l'a arrêté, il est venu *quoique* et non *parce que*.

Mais ce que j'attaque surtout, c'est la queue de Juillet, cette mauvaise queue, comme l'a si bien baptisée un homme du pouvoir. La tête, le corps du serpent, tout a été mis à l'écart et il ne nous reste plus que la queue, c'est-à-dire, une race d'intrigants, que la fermentation a fait remonter à la surface de la société; quand elle devait les laisser croupir dans le fond.

Hommes de la queue de Juillet, oui, c'est vous que j'attaque; on vous a dit que vous étiez les terroristes de la pensée, et moi je vous appelle les septembriseurs de la presse !

Nous avons le droit d'attaquer les ministres et leur système. Et que sont donc les ministres sous un régime constitutionnel ? Ce sont les paratonnères du trône, c'est sur eux que doivent fondre et s'apaiser tous les orages; et je vous le demande: que pouvez-vous craindre encore de la foudre, quand suivant le fil conducteur, elle va s'absorber dans la fange ?

Les ministres sont les souffre-douleur du régime constitutionnel ; ils doivent s'offrir en holocauste à toutes les colères. Deux sentiments se partagent d'ordinaire le cœur des peuples: l'amour et la haine; et ces sentimens dominent tour-à-tour. Que tout l'amour se reporte sur le roi ; que toute la haine retombe sur les ministres ; c'est là leur lot ; et s'ils sont à la hauteur de leur position, ils doivent l'accepter en s'enveloppant dans leur vertu... leur vertu le seul bouclier qu'ils puissent opposer aux traits de la presse.

Eh ! messieurs, je m'étonne vraiment de l'orgueilleuse susceptibilité de nos ministres, quand la plus haute puissance qui soit sur la terre, quand le chef suprême de l'univers catholique, ne prend point d'autre titre que celui de *Serviteur des serviteurs de Dieu*. Il y a, messieurs, dans cette humble dénomination, une haute leçon pour les pouvoirs sociaux : toutes les puissances en effet, ne sont établies que pour servir les intérêts communs, et les ministres eux, ne devraient point oublier qu'ils ne sont que les serviteurs des serviteurs du peuple.

Le peuple c'est leur maître; maître exigeant et capricieux ; mais maître tout-puissant. Parfois il les frappe dans l'aveuglement de sa colère, et nous en avons de nos jours de grands et douloureux exemples.

A quelques lieues d'ici, dans une affreuse forteresse, souffrent de nobles victimes de la fureur populaire. Ministres du jour, venez à la porte de cette geôle, venez apprendre comment on supporte avec héroïsme les coups, même injustes, du maître de vos maîtres. Et vous, illustres victimes que l'Europe contemple avec admiration, continuez votre généreux sacrifice, attendez avec une courageuse résignation que la postérité, plus équitable

que vos contemporains, ceigne vos fronts du bandeau de l'immortalité !

La charte avait consacré le droit de discussion sur les matières politiques. La loi de septembre, il est vrai, a restreint ce droit, dans des limites bien étroites, mais elle n'a pas pourtant concédé aux ministres une absurde et dangereuse inviolabilité. Que dis-je! dans la discussion même de ces lois terribles, les ministres n'ont-ils point déclaré à la tribune qu'ils appelaient sur eux tous les coups; qu'ils n'avaient d'autre but que de mettre la majesté royale à l'abri de toute atteinte; mais que pour eux, ils s'exposaient bravement à toutes les récriminations, même injustes et exagérées, de la presse? Et messieurs, il n'y a que le parquet de Douai qui ait oublié cet engagement; car nous voyons partout des journaux bien plus virulents que le nôtre dans leur polémique contre le ministère, circuler librement sans susciter à leurs auteurs ni tracasseries, ni poursuites. En vérité quand je vois les ministres ainsi transformer en attaques contre le gouvernement tous les reproches qui les assiègent, il me semble entendre Tartufe qui croyait qu'on outrageait Dieu, quand on le raillait de ses grimaces.

Les journaux doivent être respectés par le pouvoir; parce qu'ils sont les échos et les organes du peuple. Et qu'on ne nous dise point qu'ils usurpent ce titre : quand le peuple désavoue leurs doctrines, il sait bien les destituer de leurs hautes fonctions par le désabonnement : (on dit que le *Constitutionnel* en a fait la triste expérience).

Mais comment les ministres peuvent-ils prétendre qu'on ne fasse entendre autour d'eux qu'un concert de louanges? Les hommes du pouvoir actuel ont-ils donc oublié que sous la Restauration ils étaient journalistes, et qu'alors il suffisait qu'on reçût un porte-feuille, pour être déconsidéré à leurs yeux, pour se voir en butte à une polémique de personnalités dont nous n'avons jamais, grâces à Dieu, imité les honteux écarts. Les hommes mêmes dont ils avaient jusque là proclamé le mérite et l'intégrité, devenaient, en entrant aux affaires, l'objet des accusations les plus passionnées et les plus injustes. Ainsi, tant que M. de Villèle marche à la tête de l'opposition, tous rendent hommage à son mérite. Et à peine le monarque, reconnaissant dans M. de Villèle les qualités si rares aujourd'hui de l'homme d'état, lui a-t-il confié l'administration de nos finances, que le grand homme n'est plus pour les journalistes libéraux qu'un ministre prévaricateur et concussionnaire.

Et ce fidèle et malheureux Bourmont, avec quelle odieuse animosité ne vous êtes vous point acharnés sur sa gloire militaire ! Mais lui, il n'alla point mendier contre ses détracteurs l'appui des réquisitoires. Pour vous confondre, il ne voulut que son épée, et plantant le drapeau de la France sur le sol africain, il répondit à votre phraséologie calomniatrice en ajoutant à notre territoire une partie du monde !

M. de Peyronnet n'a-t-il point aussi épuisé sur lui, tous vos traits les plus perfides et les plus acérés. C'était peu de voir charger sa vie politique des accusations les plus graves ; il n'a pu même faire respecter le sanctuaire de la famille ! A force de silence et de résignation, il a fatigué la haine de ses ennemis, et il n'est plus personne aujourd'hui qui ne reconnaisse que celui dont le courage n'a point faibli pendant une torture de six années, celui-là était un homme de bien et un grand homme ! »

Après avoir ainsi rappelé la violence des attaques que les ministres de la restauration eurent à subir, Mᵉ Laloux s'écrie :

» Voilà le langage des hommes qui voudraient aujourd'hui, tranquilles et sans tourments, savourer mollement dans leurs fauteuils les voluptés du pouvoir. Et n'entendent-ils point la France qui leur répond comme Guatimozin :

Et moi, suis-je sur un lit de roses ?

Les ministres sont bien maladroits : en voulant étouffer toutes les récriminations, ils répudient le seul trait de ressemblance qu'ils aient avec tous les grands hommes d'état dont l'histoire a conservé un glorieux souvenir.

Comme je le rappelais dans une autre occasion, Mazarin laissait crier contre lui le peuple, pourvu qu'il payât, et un jour qu'on lui apporta un exemplaire d'un pamphlet où sa réputation était cruellement déchirée, Mazarin se contenta de faire acheter l'édition

entière qu'il fit revendre ensuite pour son compte avec
de grands profits. C'est ainsi qu'il faisait passer dans son
coffre la haine et le mépris public convertis en beaux
écus.

Richelieu était détesté de tous les partis : sans s'inquiéter de leurs clameurs, il entretenait ces partis pour
régner par la division : c'est bien là ce que nos ministres
du jour voudraient faire; il ne leur manque, pour
réussir, que le génie de Richelieu.

Colbert qui porta si haut la prospérité de la France,
Colbert qui protégeait, lui, l'industrie et le commerce,
n'en était pas plus aimé du peuple. Et, si le peuple
même avait pu, à certaines époques, s'emparer de sa
personne, le peuple aurait fait un mauvais parti au
grand ministre; il l'aurait peut-être accroché à la lanterne; je ne saurais affirmer pourtant qu'on s'en servît
dans ce temps-là: la lanterne est une invention moderne.

Mais le mépris qui s'attache aujourd'hui aux hommes
du pouvoir, a, il est vrai, une cause bien moins honorable, que M. Laloux signale ainsi :

» Il faut le reconnaître, messieurs, il y a dans notre
nation, une grande immoralité; la voici : c'est que
quand un pouvoir tombe, les hommes qui l'approuvaient
et le défendaient, passent avec trop de facilité au service
du nouveau maître.

Je voudrais que celui qui a combattu pour la république, restât républicain dans l'exil ; que celui qui a
partagé les victoires de Napoléon jouisse dans la retraite
de la gloire de l'empire; que celui-là qui a accepté les
œuvres de la restauration, ne vienne pas encenser aujourd'hui les hommes qui ont expulsé toute la race de
ses rois.

Quand les rois tombent, sont-ils donc à mépriser ?
Oh ! non ; leurs malheurs effacent les fautes qu'ils ont
pu commettre, et dépouillés de la couronne, leurs fronts
sont doublement vénérables.

Si l'on excepte l'armée qui ne délibère pas et la magis-
trature inamovible, tous les représentants, tous les
agents du pouvoir devraient changer avec lui. Ainsi
j'aurais voulu voir des hommes nouveaux entourer la
royauté de juillet, j'aurais voulu par exemple, voir
auprès de ce trône, Laffitte, Audry de Puyraveau,

Gérard et Lafayette.... puisqu'il y avait vu la meilleure des républiques. Lui et ses amis auraient pu du moins se faire respecter, au lieu que les histrions sont déconsidérés à l'avance: et ils n'ont pas le droit de se plaindre quand on vient les attaquer.

Du reste, comme je l'ai déjà dit, en usant de ce droit, nous avons été bien plus modérés que les journaux, amis du pouvoir, que les journaux auxquels on a donné le titre de *dynastiques*. Ecoutez, par exemple, comment le *Mémorial Bordelais*, lui si dévoué au trône de juillet, s'exprime avec irrévérence sur le nouveau système ministériel:

« Depuis un mois, dit-il, que le quasi tiers-parti est aux affaires, il a déjà fait plus de mal à la dignité, à la sécurité, à la moralité de la France que les clameurs de l'opposition n'ont pu en faire pendant cinq ans. Alors, il y avait lutte, mais il y avait réalité, vérité, sincérité du gouvernement représentatif. A présent, il n'y a plus rien qu'une vaste brume, un chaos de paroles qui n'ont plus de sens....

« Notre dévouement ne va pas et n'ira jamais jusqu'à la servilité; jamais nous ne donnerons au gouvernement une approbation démentie par notre conscience, et dût le *Mémorial* rester, au milieu de la presse départementale, dans cet isolement que vous avez la niaiserie de nous reprocher, tandis que nous nous en fesons un titre d'honneur, jamais ni préfet, ni ministre, ni roi, ne nous fera écrire une ligne approbative d'un amphigouri ministériel et parlementaire qui nous paraît la ruine et la honte du pays. »

« Il convient beaucoup mieux à M. Sauzet, dit le même journal, dans un autre article, de se proclamer homme du 22 février, c'est-à-dire DE CE TRIPOTAGE PARLEMENTAIRE SANS CAUSE, SANS NOM, SANS MORALITÉ, QUE LA FRANCE SUBIT EN ROUGISSANT, que de se dire homme d'une situation et d'un système qui bien évidemment ne saurait inspirer sa faconde d'avocat. »

Un autre journal dynastique qui, pour gage de ses vues pacifiques vient de prendre le titre de *la Paix*, et qui s'appelait auparavant le *Moniteur du Commerce*, attaque avec autant de violence le ministère que nous nous sommes permis de juger :

« Nous considérons, dit-il, le système de conciliation, comme une NIAISERIE INDIGNE...

« Sans réclamer un brevet d'invention pour le système du 15 mars et du 11 octobre, nous avons droit de

trouver étrange et *immoral* que ceux qui ont fondé c
système et y demeurent fidèles, soient sacrifiés à de
hommes du tiers-parti par un des ministres du 11 oc
tobre, assez mal inspiré pour avoir échangé les dates glo
rieuses du système de résistance contre la date *insigni
fiante* du 22 février. »

Après avoir lu ces satyres mordantes écrites par le
doctrinaires, M* Laloux se demande : Et par qui l
ministère est-il si sévèrement jugé ?—Par les ministre
de la veille ; prenez donc garde que votre zèle ne vou
emporte trop loin. Avant de prendre si chaleureuse-
ment la défense du cabinet, voyez un peu si le courrier
de ce matin n'aurait pas apporté la nouvelle que Louis-
Philippe a jugé comme nous ses ministres, et que leur
puissance est finie.

Non, non, il serait absurde de vouloir nous interdire
la critique des ministères : laissez - nous exercer librement nos droits et nos devoirs d'écrivain politique, lais-
sez-nous faire entendre au pouvoir nos plaintes, nos
représentations, nos jérémiades comme vous dites. Eh
bien oui, si vous le voulez , nous serons les Jérémie de
la révolution et nous pleurerons sur les malheurs de
Sion; mais vous, souvenez-vous donc qu'on n'a jamais
ouï dire que Jérémie ait été cité en cour d'assises et qu'un
procureur du roi soit venu demander sa condamnation
aux jurés de Jérusalem. » (Rires dans l'auditoire).

En terminant cette brillante plaidoierie , Me Laloux
parle des talents et les qualités personnelles de notre
gérant, dans des termes trop flateurs pour que nous puis-
sious les rapporter ici textuellement : nous nous contenterons de noter les pensées. » M. H. Carion , dit-il, est
homme de talent et homme de cœur : son journal est
le plus moral des journaux du pays ; celui qu'un père
peut confier avec le plus de sécurité à ses enfants, à sa
fille. Principes d'ordre et de religion , bon goût dans la
littérature, voilà le caractère général de la rédaction de
l'*Emancipateur*. Ce serait une faute et un malheur pour
le pays que la destruction de ce journal; car il respecte
les lois en exposant sa pensée avec candeur et s'il a un
tort, continue Me Laloux, c'est d'être écrit mieux que les
autres , c'est d'être écrit avec plus de conscience. Le
parquet dans ses poursuites contre son rédacteur-gérant

continue une faute de la restauration qui a laissé faire la guerre aux hommes d'esprit ses adversaires : c'est une guerre où en France les persécuteurs seront toujours vaincus.

Enfin, après avoir présenté au jury cette dernière considération : que le parquet n'a découvert le délit que neuf jours après la publication du numéro incriminé , ce qui prouve que le délit n'est pas très clair même pour les yeux si exercés d'un procureur., M⁰ Laloux ajoute : «j'espère , MM. les jurés, que cette culpabilité posthume vous trouvera indulgents: mais si, contre toute attente, il était parmi vous quelques hommes qui fussent disposés à nous condamner pour avoir repoussé l'insulte d'un prussien, il me resterait une grâce à leur demander : pour l'honneur de la Flandre, pour l'honneur du jury , pour l'honneur de la France . je les en supplie, que leurs bulletins soient écrits en allemand ! »

M⁰ Laloux se rassied au milieu d'un murmure flatteur de l'auditoire et des félicitations de ses amis.

M. le président. — M⁰ Laloux , dans la chaleur de l'improvisation, il vous est échappé une expression dont la cour vous demande l'explication. Vous avez dit : je *vous appelle les septembriseurs de la presse.* Votre intention était-elle de désigner le gouvernement; à qui vous adressiez-vous ?

M⁰ Laloux , M. le président, comme je l'ai dit en prononçant ces mots , c'est aux hommes de juillet qu'ils s'appliquent et je n'ai désigné que la mauvaise queue de juillet. »

Après cet incident , M. l'avocat-général se lève pour répliquer. Il s'efforce de détruire la distinction si bien établie par M⁰ Laloux entre le gouvernement et l'administration. S'emparant des témoignages d'affection que M⁰ Laloux a donnés aux rédacteurs de l'*Emancipateur ,* M. Hibon ajoute: tout le monde n'a point pour l'*Emancipateur* des yeux de père , et nous savons que même parmi les amis et les protecteurs de ce journal , il s'en est trouvé plusieurs qui ont blâmé la virulence de sa rédaction. On a présenté comme une considération toute puissante l'impunité accordée à une foule d'articles encore plus coupables: ce n'est point là un argument : que

penseriez-vous si un voleur venait vous dire : j'ai volé il
est vrai; mais je suis innocent parce qu'il y a eu un as-
sassin ; si un coupable d'attentat à la pudeur disait : je
suis innocent parce qu'il y a des faussaires? «Après avoir
dit que s'il s'agissait de décerner une palme au talent,
il se trouverait peut-être d'accord avec l'avocat de M.
H. Carion, M. Hibon, pour péroraison, fait un appel aux
passions politiques de MM. les jurés: si vous voulez conser-
ver la couronne à Louis-Philippe, leur dit-il, condamnez l'*Emancipateur*, si vous voulez la conciliation des
partis, condamnez la mauvaise presse.

Mᵉ Laloux se lève et combattant pied à pied la réplique de M. Hibon, il fait ressortir toute la faiblesse de
cette argumentation qui est réduite à faire un appel aux
passions politiques; toute l'inconvenance de ces comparaisons grossières avec de vils criminels : Rassurez-vous,
dit-il, MM. les jurés, il n'est point en notre pouvoir de
renverser le gouvernement. Nos affections ne sont pas
pour lui il est vrai; mais que nos juges respectent nos opinions comme nous respectons les leurs, c'est un droit
constitutionnel, et notre devoir c'est de parler franchement. Si c'est cette franchise qu'on appelle de l'exagération, oui nous sommes coupables: car nous, au lieu de
faire de l'hypocrisie, de soutenir le trône jusqu'au moment de le précipiter dans l'abîme, nous parlons sans
détour et du moins le gouvernement peut se mettre en
garde. Quant aux comparaisons avec les voleurs, etc, un
délit n'en excuse pas un autre, il est vrai; mais l'impunité
continuelle accordée à un acte en établit l'innocence
légale.

Après avoir mis M. le procureur général au défi de
nommer ces prétendus amis, que le parquet a entendu
se plaindre de l'exagération de nos rédacteurs, Mᵉ Laloux
ajoute que cependant, M. Hibon pourrait avoir raison
s'il voulait parler de ceux qui furent nos amis jusqu'au
3o juillet 183o. En effet, nos amis d'alors, nous ne le
savons que trop bien, sont loin d'être tous aujourd'hui
à notre diapazon. Que ceux-là, soient peu satisfaits de
l'énergie avec laquelle nous flétrissons les apostats et
qu'ils en témoignent leur humeur au parquet; cela se
conçoit. Mais quant aux hommes qui sont restés nos

amis, avant, pendant et après *les glorieuses* ; on nous
permettra de croire qu'en supposant même qu'ils aient
des reproches à nous faire, ce ne serait probablement
pas M. le procureur-général, qu'ils choisiraient pour leur
interprète auprès de l'*Emancipateur*.

M⁰ Laloux relève avec beaucoup d'esprit les sar-
casmes que le ministère public lui a lancés au sujet de son
attachement à la personne de son jeune client; et après
avoir lu et commenté avec une verve soutenue les deux
articles incriminés, il résume avec force ses principaux
moyens de défense.

M. *Hibon* prend la parole de nouveau pour protester
contre l'intention perfide qu'on a vue dans ce qu'il a dit
des voleurs, des faussaires, etc: il n'a jamais voulu, dit-il,
outrager M. H. Carion.

M. *le président* (s'adressant à M. H. Carion). N'avez-vous
rien à ajouter pour votre défense ?

M. Henri Carion se lève et, portant ses regards vers l'emplace-
ment où l'on s'étonne de ne point voir encore réintégré le Christ
qu'on n'aurait dû jamais en exiler, le rédacteur-gérant de l'Emancipateur commence en ces termes :

Au temps des du Harlai et des d'Aguesseau, c'était
un lieu vénérable et imposant que le sanctuaire de la
justice, où le signe consolateur et redoutable du Dieu
qui voit tout, frappait d'abord les yeux du prévenu
innocent ou coupable. C'est surtout dans ces jours
d'effervescence où les hommes même les plus droits
ne peuvent pas toujours se soustraire à l'influence
de leurs passions politiques, qu'il serait rassurant
de voir dans cette enceinte l'image de celui qui
juge les juges.

Mais, messieurs, malgré l'exil auquel on a condamné ce signe auguste de la rédemption du genre
humain, nous sommes tranquille : car nous avons
devant nous, pour juges, des citoyens français.

Je ne rentrerai pas dans la discussion des articles
où M. l'avocat-général peut seul persister à voir
un délit. Je me contenterai d'essayer, MM. les jurés,
d'arracher votre esprit aux préoccupations fâcheu-

ses auxquelles le ministère public s'est efforcé de le livrer. Vous me pardonnerez donc de vous présenter moi-même quelques courtes observations sur la fondation, la marche et le but du journal que je rédige.

C'est comme un citoyen séditieux, comme un écrivain incendiaire qu'on nous présente à vous, MM. les jurés ; et cependant, ouvrez l'Emancipateur au hazard, vous n'y verrez point une page où l'esprit de révolte ne soit combattu par tous les arguments et sous toutes les formes.

C'est en effet une haute pensée de morale qui a donné naissance à l'Emancipateur.

Après les événements de juillet 1830, nous n'avons pas, comme tant d'autres, il est vrai, déserté la cause des vaincus.

Cependant, en embrassant sa défense, nous n'avons pas cédé seulement à l'invincible attrait du malheur ; et la raison, le devoir, l'amour du pays nous ont parlé encore plus haut que le sentiment.

Dans ces premiers jours du triomphe de l'insurrection, qui de nous n'a point tremblé ? Tous les freins étaient brisés. La liberté de tout dire, de tout faire, était proclamée. Un pouvoir s'organisa enfin au milieu de la perturbation générale, et la liberté de la presse, c'est-à-dire la faculté de discuter toutes les opinions et tous les systèmes, fut par lui déclarée affranchie de toute entrave.

C'est alors que nous nous sommes présentés loyalement dans la lice où s'agitaient toutes les grandes questions sociales ; et, dédaignant les subterfuges qu'enseigne la politique aux partis qui ne s'appuient point sur des traditions nationales, ou qui n'osent pas avouer d'abord le but où tendent tous leurs vœux, nous avons porté sur notre front les principes qui étaient au fond de notre cœur, afin de ne surprendre aucune conscience.

Après avoir pris pour devise, cette maxime : l'insurrection n'est jamais permise ; nous voulions ten-

ter, par les seules voies de la logique et de la persua-
sion, de ramener les intelligences égarées, aux deux
grands principes d'unité et de stabilité en religion
comme en politique.

Dans notre polémique, nous avons mis toute la
chaleur et toute la franchise de notre âge. Des actes
immoraux, des palinodies honteuses, de basses intri-
gues ont bien pu nous arracher des paroles vives et
amères ; mais nous avons toujours respecté les opinions indépendantes, les hommes consciencieux ; et
plus d'une fois, nous avons convié tous les partis généreux à une fraternelle réconciliation.

Pour résumer en un mot toutes nos doctrines : combattre partout l'esprit irréligieux et révolutionnaire,
telle était la tâche que nous nous étions imposée ; et
pour prouver par les faits et les raisonnements que
nous étions dans la vérité, nous comptions user de
cette liberté de la presse qu'on nous promettait si
grande, si généreuse, si inviolable.

Hélas ! les lois du 9 septembre, ne nous ont que
trop appris combien il fallait rabattre de si magni-
fiques promesses ; et il nous fut bientôt démontré
par cette législation dont on fit sur l'Emancipateur la
première expérience, que désormais la seule inter-
prétation à donner aux libertés proclamées en juillet, était pour bien des gens en France, toute ren-
fermée dans cette définition du poète :

> L'électeur est libre d'élire....
> Celui qu'on le force à nommer ;
> L'auteur est, lui, libre d'écrire.....
> Mais non pas de faire imprimer;
> Libre on est de crier misère....
> Mais alors on couche en prison :
> Et pourvu qu'on veuille se taire....
> On est libre d'avoir raison.

Le conseil était sage, et, prudemment, nous le
mîmes à profit.

Une loi était promulguée qui interdisait la discussion du principe du gouvernement : suivant l'inflexibilité de nos maximes, cette loi qui n'avait point nos suffrages, nous vit pourtant résignés et soumis. Mais en nous forçant à nous taire, aurait-on eu aussi l'espoir ou la prétention de faire changer nos convictions ? Nous vous le demandons, MM. les jurés : si à la place où nous défendions, la veille, le principe de la légitimité, vous nous aviez vu, le lendemain de la promulgation des lois de septembre, proclamer que l'insurrection était le plus saint des devoirs, ou telle autre maxime révolutionnaire, qu'eussiez-vous pensé de notre moralité, comment auriez-vous qualifié notre conduite ? Eh ! vous auriez dit : cet homme a peur, ou il se vend; c'est un apostat, un lâche ; vous nous auriez méprisé, flétri, et vous auriez eu raison, MM. les jurés.

Mais, grâces au ciel, nous ne sommes pas de ceux qui grattent ainsi leur écusson le lendemain d'une défaite. On peut nous vaincre sans doute, nous bâillonner, nous persécuter, mais non pas nous avilir. La fortune, la liberté, la vie, on peut tout nous arracher, tout nous ravir, oui tout..... mais fors l'honneur !

Après nous être donc soumis aux lois, en protestant par un perpétuel silence qu'on n'accusera pas d'être séditieux, nous demandâmes aux lettres la résignation et la patience dont nous avions besoin ; et puisqu'il nous était interdit de nous occuper du présent, de rêver même à l'avenir, nous allâmes chercher dans le passé des souvenirs et des consolations que l'on sera forcé de reconnaître bien inoffensives. Eh ! nous serions encore occupé à exhumer les merveilles oubliées et les vieilles traditions de notre pays, à deviser avec les bons vieux bourgeois de Cambrai sur la miraculeuse flèche à dentelles de Notre-Dame, ou à chanter les innocentes amours de Martin et de Martine, si un réquisitoire aussi inattendu qu'il est encore inexplicable pour nous, ne nous avait forcé de venir défendre encore une fois notre liberté et notre fortune devant nos compatriotes.

De quel crime sommes-nous donc coupables ? Vous l'avez entendu, MM. les jurés, et nous ne vous ferons pas l'injure de combattre une seconde fois, devant votre impartial bon sens, les sophismes d'une accusation pulvérisée par notre éloquent défenseur. On nous arrache à notre famille, à nos paisibles travaux, sous prétexte que nous avons excité à la haine et au mépris du gouvernement du roi.—Il eut été plus franc de dire : au mépris des apostats, à la haine du joug étranger. Il eut été plus politique surtout de s'associer à une réprobation qui aura toujours l'assentiment des honnêtes gens, des hommes de cœur de tous les partis.

Il faut en vérité que nos intentions aient été bien mal interprêtées. De quels apostats a-t-on pu s'imaginer que nous ayons eu dessein de parler ?

On s'est étrangement trompé, si l'on a cru que nous faisions allusion à ceux que des circonstances fâcheuses, dans ces temps de bouleversements politiques, mettent dans la cruelle nécessité d'adopter, du moins en apparence, des opinions, des maximes qu'on a dû anathématiser autrefois, que l'on condamne peut-être encore au fond de sa conscience. Ah ! nous devinons trop ce qu'il en doit coûter à un homme jusque-là honorable, et condamné à accepter toutes les pénibles conséquences d'une position fausse, à devenir en quelque sorte l'instrument de supplice de ses anciens amis ; nous nous peignons, sous des couleurs trop vives, les tortures morales auxquelles il doit être perpétuellement livré, pour ne point le plaindre de s'être soumis à de si cruelles exigeances ; et si nous sommes forcés, au fond de l'ame, de refuser notre estime à tant de faibles

se, nos lèvres ne sauraient laisser échapper pour lui
que des paroles de commisération et de pitié.

Nous avons voulu encore moins parler de ceux qui
changeaient d'opinion par conviction; aller de l'er-
reur à la vérité, ce n'est pas apostasier, c'est abjurer;
Et nous avons assez de foi dans la fortune de la
France, nous avons une assez haute idée du patriotisme des partis qui la divisent aujourd'hui, pour
espérer que nous verrons un jour beaucoup d'abju-
rations.

Mais les apostats auxquels nous nous sommes adres-
sés, ce sont ceux qui n'ont pas plus de rougeur au
front, qu'ils n'ont de remords dans l'âme; ce sont
ceux que l'orateur Berryer marquait du nom de cy-
niques, du haut de la tribune parlementaire; ce sont
ceux qui se jouent de tout ce qu'il y a de plus saint
et de plus sacré aux yeux des hommes; ceux pour
lesquels il n'y a pas d'autre loi, d'autre guide, d'autre but, que leur intérêt personnel; qui vont—en riant
—adorer ce qu'ils ont brisé, et briser ce qu'ils avaient
adoré; se jouant avec une égale impudeur des prin-
ces et des peuples, du repos de la société et de l'honneur de la patrie, des hommes et de Dieu!

Ah! dites, messieurs les jurés, dites avec nous:
est-ce trop d'appeler ces gens-là de misérables histrions? Eh bien! ces mots dont on nous fait un crime,
ces mots où l'on prétend deviner et punir une secrète
intention, nous le déclarons sur l'honneur, nous
qui n'avons jamais juré en vain, nous n'avons eu
dessein de les appliquer, ces mots, qu'aux mauvais
citoyens dont nous venons de vous tracer le hideux
portrait.

Et encore dans quelles circonstances, avons-nous
laissé échapper une expression de mépris si bien
méritée?

C'est lorsque nous avons vu qu'il devenait loisible
à l'étranger d'insulter impunément nos soldats, de
menacer notre territoire; lorsque nous avons vu le

nom français traîné dans la fange des ruisseaux de
Bruxelles, sous les haillons d'une ignoble masca-
rade, tandis qu'un journaliste prussien ridiculisait
notre armée !!! Nous n'étions pas habitués, nous
que l'on berça au bruit des glorieux exploits des soldats de l'empire, nous qui avions vu, sous la Restauration, le coup d'éventail d'un despote algérien puni
par la confiscation de son royaume au profit de la
France, ah ! nous n'étions pas habitués à tant d'hu-
miliations: ne nous pardonnerez-nous pas de n'avoir
pu subir un tel affront sans nous indigner? Mais que
dis-je ? cette indignation n'a-t-elle pas été univer-
selle en France ? Tous les journaux, et le journal
des Débats, lui-même, lui si dévoué au gouvernement, n'ont-ils pas flétri, comme nous, ceux qui
pouvaient subir, tête baissée, humbles et muets,
un outrage fait à la France ? Ah ! dans ces
jours malheureux, où des haines insensées ani-
ment les uns contre les autres les enfants d'un même
pays, ce nous est une bien douce consolation de voir
qu'on ne saurait porter la main sur la patrie, leur
mère commune, sans que tous ces bras ennemis se
rapprochent et s'unissent pour la défendre; sans
qu'un cri unanime ne s'élance de toutes nos poi-
trines : — vengeance ! contre celui qui outrage, opprobre à celui qui laisse outrager la France!!!

Tel est, tel sera toujours le cri de ralliement de
tous les généreux citoyens. Ce cri, il vibre maintenant, MM. les jurés, au fond de votre cœur, il plaide
pour nous dans le sein de nos juges. Pourraient-ils
nous punir de l'avoir proféré, dans un mouvement
d'indignation si légitime chez un jeune français ?

Ce discours, écouté avec la plus solennelle attention, bien
qu'interrompu quelquefois par des mouvements d'approbation,
produit sur l'auditoire et sur MM. les jurés une impression visible.

M. le président résume avec autant de talent que d'impartialité tous les moyens de l'accusation et de la défense, et le jury se retire pour écrire son vote.

Vingt-cinq minutes après, il apporte un verdict de non culpabilité et M. le président prononce l'acquittement du prévenu au milieu des applaudissements et des bravos de l'auditoire qui ne peut, en dépit des huissiers, s'empêcher de témoigner hautement la part qu'il prend au triomphe de l'accusé.

M. H. Carion et son éloquent défenseur, en sortant de l'enceinte, sont environnés d'une foule d'hommes et de jeunes gens qui leur expriment de la manière la plus vive leurs sympathies et leur joie.

PRÉSIDENCE DE M. WARENGHIEN.

Premier procès de la Gazette de Flandre et d'Artois.

———◦◦◦———

L'intérêt qui s'attache toujours aux affaires de presse, l'espoir d'entendre M⁰ Pellieux, le digne émule de M⁰ Laloux, foudroyer à son tour les persécuteurs de la pensée encore tout étourdis du coup qui les a frappés la veille, ramène dans l'enceinte de la cour d'assise des spectateurs nombreux et attentifs. L'honorable gérant de la *Gazette de Flandre et d'Artois*, M. Desurmont est assis au banc des accusés, auprès de ses défenseurs M⁰ Pellieux et M⁰ Lalloux. On remarque autour de lui plusieurs sommités royalistes du département du Nord, et quelques rédacteurs de l'*Emancipateur*.

La parole est à M. Preux remplissant les fonctions de procureur-général.

Le ministère public expose que la *Gazette de Flandre et d'Artois*, journal légitimiste, a répété un article de *la Mode* intitulé *la ressemblance fâcheuse*; lequel article, poursuivi à Paris, fut condamné par le jury, comme renfermant le délit d'offense à la personne de Louis-Philippe. Or, ce même article avait attiré l'attention du parquet de Douai dans les colonnes de la *Gazette de Flandre et d'Artois*, lorsqu'elle le reproduisit. La condamnation de cet article à Paris, fit un devoir de le poursuivre aussi devant les assises du Nord. Les débats, ajoute M. le procureur-général, doivent être courts, si l'on ne veut point se livrer à des divagations inutiles.

S'il est un point sur lequel tout le monde soit d'accord, c'est l'inviolabilité de la personne du roi. Des lois règlent comment on doit faire respecter cette inviolabilité. Il faut faire usage de ces lois. Ce n'est pas que le ministère public haïsse la liberté de la presse : elle a au contraire toutes ses sympathies ; et bien que la presse soit souvent licencieuse, ses bienfaits surpassent encore ses excès.

Après ces préliminaires, M. Preux donne lecture de l'article incriminé que nous avons déjà reproduit dans les débats du procès de *la Mode.* Le ministère public trouve dans le narré des tribulations du baronnet anglais, dans la peinture de son extérieur, sinon l'excitation au mépris, du moins la dérision de la personne du roi. Le délit a été reconnu en justice. Il provoque une explication loyale de la part de la défense. Evidemment cet article n'est que la reproduction verbale des caricatures ignobles qui couvrent les murs de la capitale. Si le jury ne condamne pas la reproduction de semblables articles, ils pourront circuler impunément. De pareils écrits ne sont pas sans importance. On sait que des esprits exaltés les traduisent en attentats. La personne du roi a été indignement outragée. C'est notre cause à tous, dit M. Preux, en se résumant. Enfin MM. les jurés liront l'article, et leur déclaration n'est point douteuse.

M⁰ Pelljeux, avocat de M. Désurmont, se lève à son tour. (Profond silence ; marques universelles d'attention dans l'auditoire.)

L'avocat examine d'abord quel est l'esprit du journal que l'on signale à la sévérité du jury. La *Gazette de Flandre et d'Artois* compte déjà quatre années d'existence. Elle n'avait jamais été poursuivie jusqu'à ce jour. Son programme c'est la défense des intérêts communaux ; mais une grande pensée domine chez elle, et dirige toutes les autres : la pensée religieuse qui inspire la défense des intérêts sociaux, les principes d'ordre et de justice.

Les articles publiés par la *Gazette* sur le canal de Roubaix, les tabacs et le sucre indigène, sont là pour attester qu'elle défend avec chaleur et souvent avec succès l'industrie et l'agriculture de notre pays.

Toute polémique irritante est soigneusement écartée de ses colonnes, et la rédaction, due au concours d'hommes honorables par leur caractère et leur talent, se fait remarquer par sa modération. Les feuilletons, comme il arrive à la plupart des journaux de province, sont le plus souvent empruntés aux journaux de Paris. C'est ainsi que l'article incriminé a été extrait de la *Mode* et inséré dans le feuilleton du numéro du 1er avril.

Cet article contient-il le délit d'offense à la personne du roi?

L'éditeur responsable est-il coupable pour l'avoir inséré?

Si l'article en lui-même n'est pas coupable, le gérant est innocent;

Si l'on veut considérer l'article comme coupable, il reste à examiner cette question : le gérant, en l'insérant, a-t-il pu croire de bonne foi que l'article n'était pas coupable ?

L'avocat examinant alors si l'article est coupable, entre dans quelques détails sur notre nouvelle législation politique qu'il compare avec celle de la Restauration. « Il y a maintenant, dit-il, deux genres d'offenses à la personne du roi : offense au premier chef, offense au second chef. La première est un crime, la seconde un délit. Cette distinction est plus subtile que rationnelle. Car qu'est-ce que l'offense sans l'intention d'exciter à la haine et au mépris : une plaisanterie sans importance. La législation de 1829 a suffi à la Restauration, et on ne chercha pas à la rendre plus sévère, quand les outrages de la presse passèrent les bornes de la convenance et même du goût le moins délicat. M. Fontan qui dépeignait le roi sous l'allégorie grossière d'un mouton enragé, fut condamné sous l'empire de la loi de 1819, mais il fut dédommagé, ou pour mieux dire récompensé par la croix de juillet 1830; et le rédacteur de l'amer et sarcastique *Figaro*, est devenu préfet.

Aujourd'hui cependant, ceux qui ont récompensé les détracteurs injustes du monarque de la Restauration, ont reconnu qu'il était urgent de punir comme un crime ce qui n'était auparavant qu'un délit. Nous avons droit de nous en étonner, bien que nous ne demandions point l'impunité pour l'insulte faite à la majesté royale quelle qu'elle soit. Mais c'est bien plus l'inviolabilité morale du roi constitutionnel que son inviolabilité matérielle que nous voulons voir proclamée et respectée.

« Défions-nous de notre zèle, ajoute le spirituel défenseur, et n'allons pas tomber dans l'absurde et le ridicule, en trouvant une offense dans un bon mot, dans une épigramme, dans un refrain de vaudeville. Tout cela est trop français pour pouvoir être proscrit en France. N'oublions pas surtout que si Tibère, le tyran, punissait de mort le citoyen qui avait le malheur d'éternuer devant sa statue, Constantin, le grand empereur, disait, en portant la main à son front auguste, qu'il ne sentait pas les outrages qu'on avait faits au marbre inanimé de ses images. Croyez vous donc que Louis-Philippe hésitât un seul instant entre ces deux exemples? Mais, a-t-on objecté, l'article est coupable, puisqu'il a été condamné à Paris. C'est ici qu'il faut examiner les faits. L'article incriminé a paru dans le numéro de la *Mode* le 26 mars. Le parquet de Paris l'ayant sans doute trouvé d'abord inoffensif, ne l'a point saisi, puisque ce numéro est arrivé aux abonnés de Lille le lendemain 27. Quelques jours s'écoulent : arrive le 1er avril, on cherche un article plaisant, spirituel pour le feuilleton de la *Gazette de Flandre et d'Artois*. La mystification du baronnet anglais est proposée au gérant ; vous demandez ce qu'il a pu voir dans *la Ressemblance fâcheuse*, sinon une épigramme politique?--Eh ! messieurs, il y a vu un poisson d'avril !

Cependant le parquet de Paris se ravise. L'article qu'il a laissé d'abord circuler impunément contient non seulement un délit, mais un crime. Le gérant est poursuivi comme prévenu du crime d'attentat à la sûreté de l'état. L'accusation est repoussée, mais la *Mode* est condamnée pour simple délit d'offense, à la simple majorité de 7 contre 5. Or, remarquez-le bien, 7 contre 5, il y a quelques mois, c'était... l'acquittement. Oui, il n'y a pas six mois, M. le procureur-général de Douai, lui-même, aurait dit avec le jury parisien : « Il n'y a pas de délit : 7 contre 5 me prouvent que *la Ressemblance fâcheuse* est un article très innocent. » Eh bien ! aujourd'hui, 7 contre 5 lui prouvent justement le contraire !

Disons mieux. Il est à regretter que M. le procureur-général de Douai, n'ait pas fait partie des jurés qui ont jugé la *Mode* : la *Mode* eût été acquittée — cela est certain, car le 4 avril, M. le procureur-général qui connaissait l'article, ne le poursuivait pas; il ne le croyait donc pas coupable, et s'il ne le croyait pas coupable, alors sa conscience de juré lui fesait un devoir de l'acquitter. (Hilarité générale. M. Preux lui-même y prend part).

Ce n'est que le 6 avril, depuis la décision du jury parisien, que la culpabilité de l'article est devenue évidente aux yeux des magistrats du parquet qui ont traduit directement la *Gazette de Flandre et d'Artois* devant les assises, sans consulter la Cour sur l'opportunité des poursuites.

Ainsi, d'abord reconnu innocent à Paris, l'article est enfin poursuivi le 27 mars; à Douai, il ne devient coupable que le 6 avril; c'est une question de chronologie. Mieux que cela : à Paris cet article est un crime, puis à 50 lieues de Paris, à Douai, ce n'est plus qu'un délit; enfin à 200 lieues, à Agen, par exemple, où l'article a été répété, sans être poursuivi, le 2 avril, ce n'est plus même un délit. Ainsi voilà que tout se réduit à une question de géographie. Ce que c'est que l'innocence !!!

Examinons l'article en lui-même : de quoi s'agit-il? D'une anecdote fort plaisante, mais historique après tout. On rit d'un gentilhomme anglais : le grand crime! Nous rions des anglais quelque fois; eux, nous plument tous les jours.—Mais le portrait du baronnet c'est une caricature de Louis-Philippe. C'est une image grotesque, ignoble, dit l'accusation. — Comment donc peut-elle alors y reconnaître le roi des français ? — On est ordinairement plus indulgent pour ceux que l'on aime. On les voit avec des yeux plus prévenus; leur laideur même se change en beauté et le hibou de la fable trouvait ses petits fort jolis.—Mais admettons avec l'accusation que les traits donnés au baronnet anglais soient nécessairemt ceux de Louis-Philippe. Qui ne sait que la nature capricieuse est variée dans ses dons, et que presque toujours elle se venge sur le physique des faveurs qu'elle a prodiguées au moral. Ne citons qu'un exemple des jeux de la nature: Esope, le sage Esope était, au physique, un monstre-modèle, et pourtant c'était un prodige d'esprit. On le raillait sur sa bosse : Esope se moquait des vices de ses railleurs. Et les rieurs étaient toujours du côté du bossu phrygien.

Eh bien, admettons que réellement Louis-Philippe soit mal fait, qu'il ait des jambes de maquignon, de grosses joues pendantes, et une tête piriforme, est-ce à dire qu'il n'est pas un homme très fin, un profond politique, un prince très adroit. Cela l'empêche-t-il d'être un grand monarque, ou prouve-t-il qu'il ne soit pas un bon roi? Parler de ses traits peu réguliers, est-ce conseiller de le mépriser, ou exciter à le haïr. Eh messieurs, qu'y aurait-il d'étonnant que le crâne de Louis-Philippe fût d'une conformation extraordinaire? Mais le chef de sa race, Hugues Capet ne devait son nom qu'à la singularité et au prodigieux volume de sa tête. Quand ce type se reproduirait dans la personne de Louis-Philippe, ce ne serait là qu'un cachet d'authenticité, dont il pourrait à bon droit être fier, et dont la remarque n'aurait rien que de flatteur pour sa personne.

Mais persistez-vous à voir un délit, un danger, dans ces futiles épigrammes qu'ont dédaignées tous les grands hommes comme tous les grands rois; il reste alors à examiner si le gérant de la Gazette de Flandre et d'Artois a pu commettre ce délit, en répétant l'article de la Mode. C'est ici une question de bonne foi. L'article lui arrive avec le laissez-passer de la police et du parquet de Paris. Le gérant y voit une fort plaisante mystification et un excellent poisson d'avril Il l'insère donc dans son journal du 1er de ce mois, et six jours après que l'article avait paru dans la Mode. La Gazette de Flandre et d'Artois n'est pas saisie. Le parquet de Douai laisse librement circuler ce qu'il devait bientôt considérer comme une offense grave à la personne de Louis-Philippe; ce n'est qu'après la condamnation de la Mode que M. le procureur-général de Douai se ravise. Le délit n'était donc pas bien apparent d'abord à ses yeux. Comment d'ailleurs suspecter les intentions du gérant! C'est un vieux soldat qui s'est battu depuis 1789, pour la France. Il a fait les guerres d'Amérique, d'Irlande et d'Egypte. 23 campagnes sont un beau certificat de loyauté. Il n'a pas cru, il n'a pas dû croire que l'article de la Mode fût coupable. Messieurs les jurés ne peuvent pas le punir de n'avoir pas deviné que l'article était poursuivi à Paris, d'avoir prévu encore moins qu'il serait condamné, quand M. le procureur-général de Douai lui-même a cru devoir attendre la décision du jury parisien pour lancer son réquisitoire. L'intention du gérant a donc été droite, et le verdict d'acquittement lui est acquis dès ce moment auprès de ses compatriotes. »

Mᵉ Pellieux s'assied, au milieu des murmures d'approbation de l'auditoire, et des félicitations d'un grand nombre de jeunes membres du barreau.

M. l'avocat général qui a supporté, avec une impatience trop visible, la spirituelle et solide argumentation de Mᵉ Pellieux, commence sa réplique en se plaignant de la diversité des plaidoyers de nos avocats en matière politique. — Une chose incontestable c'est que MM. les avocats généraux ne sauraient mériter un reproche si flatteur. Leurs réquisitoires présentent toujours le même thème, brodé avec des variations plus ou moins somnifères. — Quand le délit est douteux, dit M. Preux, on discute l'article : quand le délit est évident, on crie à la bonne foi. On a un *homme de paille* dont on sacrifie volontiers l'amour-propre. On a l'air de dire qu'il n'est pas bien malin, qu'il n'est pas étonnant qu'il n'ait point deviné le sens séditieux de l'article incriminé. — On voit que M. Preux se jette ici à dessein hors de la question, pour se donner le plaisir d'insulter un homme honorable, un vieux et brave soldat de nos armées : aussi cette partie de la réplique a-t-elle paru faire une sensation désagréable même sur les bancs de MM. les jurés. » Il y a des principes plus sûrs, continue M. Preux, ce sont ceux de la loi. Le délit c'est la publication de l'article ; le coupable c'est le gérant, et non pas l'auteur qui se cache derrière lui. » M. l'avocat général, pour laver la police du guet-à-pens qu'on lui reprochait avance que les journaux saisis à Paris, ne peuvent jamais l'être pour la province, et que la poste les reçoit en même temps que l'on dépose au parquet le numéro signé par le gérant. — Nous nous permettrons de faire remarquer à M. l'avocat général que le fait est inexact, du moins pour Paris; pourquoi donc arrive-t-il que les autres journaux saisis manquent ordinairement aux abonnés ? Il eut été plus vrai de dire, par exemple, que ces mêmes journaux arrivaient presque toujours, par une étrange exception, aux journaux de province qui peuvent ainsi bien innocemment répéter des articles incriminés déjà à leur insçu.

M. l'avocat général prétend que le gérant de la *Gazette de Flandre et d'Artois* devait connaître la saisie de la *Mode*. Ce journal avait dû l'annoncer. — Mais la *Mode* ne paraît que tous les huit jours ! — Le *Droit* l'annonçait du moins; et d'ailleurs, pour que le gérant soit coupable, il n'est pas nécessaire qu'il ait connu la saisie. Quant au ministère public, s'il n'a pas poursuivi plutôt, c'est qu'apprenant que l'affaire était déférée au jury parisien, il a cru devoir attendre avec respect la décision du pays; si le jury avait acquitté, on n'aurait pas poursuivi. Que sait-on d'ailleurs si l'article a été ou non poursuivi à Agen? Le ministère public n'est pas avide de poursuites; c'est pour lui un devoir pénible qu'il exerce avec regret contre la presse. — (Qui est-ce qui l'aurait jamais cru? — répétait-on tout bas dans l'auditoire).

M. l'avocat général qui avait promis à MM. les jurés que les débats seraient courts, si l'on ne se jetait pas dans des divagations étrangères, paraît se faire ici un malin plaisir de les allonger. Il recherche l'origine de la *Gazette de Flandre et d'Artois* : c'est, assure-t-il, la continuation de *la Boussole*. —Puis viennent les provocations: on ne se dit plus légitimiste, mais par une réticence *mystique*, on défend les intérêts conservateurs. *La Gazette de France* qui trouve des échos dans toutes les gazettes de province, combat l'ordre de choses sorti de l'insurrection de juillet. Il est donc impossible *à priori*, que la *Gazette de Flandre et d'Artois* ne soit pas hostile au gouvernement. Pourquoi a-t-on pris l'article de la *Mode*, si on n'y a pas vu une intention maligne. D'ailleurs, l'article a été jugé par la *Gazette de Flandre et d'Artois* du 11 et par l'*Emancipateur* qui reconnaissaient que le jury parisien n'a condamné l'article que parce qu'on y avait voulu désigner Louis-Philippe. La défense de la *Mode* avouait la ressemblance. C'est donc un fait avéré, on a voulu désigner la personne de Louis-Philippe, la ridiculiser, et le jury ne peut pas, sans applaudir à des intentions si coupables, absoudre le gérant de la *Gazette de Flandre et d'Artois*.

M° Pellieux, dans une réplique vive et concise, fait remarquer l'embarras de l'accusation qui, pour donner quelque gravité à l'article incriminé, est obligée d'en faire un *crime* d'offense excitant à la haine et au mépris de la personne du roi, tandis qu'on n'a osé poursuivre la *Gazette* que comme coupable d'un *délit* d'offense par dérision. M° Pellieux fait remarquer encore au jury que ce qui paraissait le plus grave aux yeux de M. l'avocat-général, l'attaque du bord de l'eau, ne serait après tout que la reproduction bien pâle des dangers dont la vie de Louis-Philippe serait

entourée , s'il fallait en croire les ministres, quand ils ont besoin
de fonds secrets.

Mᵉ Laloux se lève et demande la permission d'ajouter quelques observations au plaidoyer de Mᵉ Pellieux. (Mouvement d'attention générale). » En vérité , dit Mᵉ Laloux, je ne puis con-
cevoir que l'on s'acharne avec tant d'obstination sur une cause si
futile en elle-même. Une remarque qui n'a malheureusement pas
assez fixé l'attention du jury de Paris qu'on veut vous donner pour
modèle, c'est que dans l'article incriminé, il ne s'agit nullement
du roi comme personnage constitutionnel , mais que, dans tous
les cas, il ne peut y avoir été considéré que sous le rapport physique. Le portrait est-il vrai ou faux , voilà toute la question. S'il
est faux, votre accusation est ridicule; s'il est vrai, pourquoi tant
de susceptibilité ? Est-ce donc un si grand crime que d'avoir la
franchise de dire à quelqu'un qu'on le trouve mal fait ou disgracieux
de sa personne? Eh! Messieurs, sans aller chercher bien loin des
exemples , nous trouverons que nos plus grands hommes , nos
rois les plus chéris , n'ont pas toujours été bien partagés à l'extérieur par la nature. Notre Henri que nous trouvons si beau —
Henri IV ! — eh bien ! messieurs, Henri n'était pas beau, si l'on
en croit d'anciennes anecdotes contemporaines que je lisais encore l'autre jour : il était même fort laid , Gabrielle le savait, elle
le lui disait, et elle l'en aimait davantage. Nous ne demandons pas
mieux, faites de la *Gazette de Flandre et d'Artois* Gabrielle : vous
serez pour nous Henri IV. Ainsi le plus aimé des rois était laid ;
et le plus beau des empereurs romains , c'était Néron !

Est-ce le teint bilieux supposé à Louis-Philippe, qui vous blesse?
Mais Napoléon, (celui de la guerre) avait , lui aussi , le teint blâ-
fard ; on disait même de lui qu'il avait une jaunisse rentrée ; et
Napoléon ne se fâchait pas. Voulez-vous donc qu'un roi constitutionnel n'ait point sa ressemblance ? Ignorez-vous que celui qui
ne ressemblerait à personne , serait un monstre dans la nature !
Grâces au ciel, il n'en est point ainsi de Louis-Philippe : et à ceux
qui trouveraient invraisemblable l'anecdote racontée par *la Mode*,
nous recommanderions, au sortir de cette audience , de vouloir

bien passer dans la rue des Vierges(1):ils y verront accoudé sur sa fenêtre, un bon bourgeois qui a l'insigne honneur d'être un modèle vivant , pour la physionomie , du roi des français. On s'est récrié beaucoup sur les jambes de maquignon supposées au sosie de Louis-Philippe. Mais c'est là un défaut commun à bien des cavaliers. Le beau Dunois, bâtard de la maison d'Orléans, avait cette imperfection : ce qui ne l'empêchait pas d'être un brave et loyal chevalier, fidèle surtout à ses serments comme à son roi... Est ce la toilette plus que négligée du baronnet qui vous blesse ? Mais on peut, ce me semble, ignorer l'art de mettre sa cravate et posséder tel autre talent beaucoup plus utile. Le baronnet en question porte un habit rapé, et à ce signe on croit *le* reconnaître; mais il donne aux pauvres , alors *ce n'est pas lui.* D'où vous concluez qu'on a voulu dire que Louis-Philippe était ladre et avare. Et quand telle aurait été l'intention de l'auteur, savez-vous comment un des plus augustes ancêtres de nos rois répondait à une épigramme toute semblable : « J'aime mieux, disait le père du peuple, Louis XII , « j'aime mieux faire rire les courtisans de mes habits rapés et de « ma parcimonie, que de faire pleurer mes sujets de mes prodi- « galités. »

Mais vous verrez que ce que l'on va trouver de plus criminel dans l'article, c'est sa tournure spirituelle et maligne. Alors tout le tort du gérant de la *Gazette de Flandre et d'Artois*, c'est d'avoir eu le malheur de puiser à trop bonne source. Car l'article incriminé, ne l'oublions pas, appartient à la rédaction de la *Mode*. Oh ! Messieurs, permettez-moi de vous donner un conseil dont vous nous remercierez, quand vous l'aurez suivi. Abonnez-vous à la *Mode*, c'est le livre des salons, mais c'est encore mieux le livre de tous les gens d'esprit et de cœur. Tel est le sel, le bon goût. la franche gaité de cet album tout français. que plus d'une fois saisi préventivement, il a presque toujours été renvoyé de la plainte par nos magistrats, et en lisant ces pages légères et sardoniques, ils ne pouvaient s'empêcher de s'écrier, le sourire sur

---

(1) En effet, dans cette rue de Douai, il y a un habitant qui, pour nous servir d'une singulière expression de M. Preux, notée à l'audience, est *atteint* d'une ressemblance frappante avec Louis-Philippe.

les lèvres : « M. le procureur-général , en vérité . vous êtes trop sévère ! » Il a fallu citer *directement la Mode*, pour voir comparaître à la barre de la cour d'assises , ce charmant recueil des boudoirs.

Enfin , MM. les jurés , sans revenir sur toutes les observations qui vous ont été présentées , permettez-moi de vous soumettre une dernière considération. C'est sur un brave soldat , un vieux compagnon d'armes de Napoléon , qui a partagé la gloire de nos drapeaux dans 25 campagnes , qu'on appelle toute votre rigueur. Vous n'imiterez pas M. l'avocat-général , qui n'a pas cru devoir respecter ce front qu'avait épargné la mitraille des ennemis de la France. Ah ! si parmi ses juges , le sort ne nous avait point ravi ces glorieux vétérans de nos armées que nous voyons autour de nous tout chargés des palmes de l'honneur , l'acquittement du vieux soldat serait déjà prononcé ; et cet acquittement ne serait qu'un acte de justice. Car , nous le répétons , l'article de la *Mode* est aujourd'hui publié dans tous les journaux ; il a été innocenté par d'autres parquets ; pourquoi le ministère public vient-il solliciter une condamnation?—Pour prévenir le délit.—La publicité l'a rendu impossible.—Pour avoir une désapprobation solennelle de l'article ?—Mais un seul arrêt suffit. Quoi ! avant que cet article fût déclaré coupable par le jury parisien , personne ne pouvait le publier sans commettre un délit ; et aujourd'hui que l'arrêt de culpabilité a été rendu , tout le monde pourrait le publier impunément et sans danger ! Il y a là une contradiction qui n'échappera pas à l'impartial bon sens de MM. les jurés. Ils refuseront de s'associer aux ridicules susceptibilités d'un parquet qui paraît ne venir ici que pour faire bravade de ses défaites. »

Un long murmure d'approbation accueille cette piquante et vive improvisation qui fait juger une seconde réplique nécessaire au ministère public.

Mais Me Preux semble trop peu maître de lui-même , trop troublé , pour détruire l'impression produite par les deux plaidoyers de Me Pellieux et Me Lalloux. M. l'avocat-général prétend que la cause n'est pas aussi futile qu'on affecte de le dire. Toutes les puissances du parti légitimiste lui paraissent au contraire opposées dans la lutte qu'il soutient; et s'il faut en croire les bruits qui circulaient hier au parquet , ce n'était pas assez de l'éloquence de

Mᵉ Laloux, de la verve de Mᵉ Pellieux, un grand orateur, un député devait venir apporter le poids de sa renommée dans la balance du prévenu. Ce qui l'a empêché de venir, M. l'avocat-général l'ignore, et dans les quelques vagues paroles qu'il laisse échapper à ce sujet, nous remarquons, et tout l'auditoire avec nous, la singulière expression de *question d'argent*. M. Preux demande ensuite à MM. les jurés s'ils veulent renouveler les scandales des hommes de paille. — Qu'ils acquittent le prévenu. Ou bien veulent-ils voir renouveler ces attentats flétris par toute la France, et auxquels on fait méchamment allusion dans l'article incriminé?—qu'ils acquittent le prévenu. Que vient-on nous parler ici de Napoléon, ajoute M. Preux : il n'y a pas d'analogie entre Napoléon et le roi des Français (M. l'avocat-général oublie le *Napoléon de la paix*) ; comment ose-t-on prononcer le nom de l'empereur dans une question de liberté de presse. Enfin, MM. les jurés rougiront de se mettre en contradiction avec le jury parisien, qui déjà a condamné l'article.

Mᵉ Pellieux se levant avec vivacité :

« Je dois d'abord répondre au fait auquel M. l'avocat-général vient de faire allusion. Oui, messieurs, il est vrai que l'on avait cru, que nous avions espéré un instant que M. Hennequin viendrait remplir cette enceinte de son éloquence. Une lettre que nous avons reçue ce matin nous explique comment notre espoir a été déçu. Il faut donc vous le dire, puisqu'on nous y force, messieurs les jurés : ce n'est point seulement la liberté de la presse qui est menacée en ce moment; mais avec le projet de loi sur le sucre indigène, on vient d'en présenter un autre sur les douanes, et tous deux compromettent aujourd'hui notre industrie et notre commerce. « Mes sympathies m'appellent au banc de la cour d'assises de Douai, nous écrit à cette occasion, le député du nord, mais les engagements que j'ai pris envers mes commettants, mon mandat de député me crient de rester au poste où ils m'ont envoyé pour défendre leurs intérêts, au moment surtout où ils sont si cruellement menacés. Le sentiment m'appelle auprès de vous ; le devoir me retient à Paris. Vous

m'avez dit vous-même déjà sans doute, de ne point hésiter. » (1)
Voilà ce que nous lisions encore tout à l'heure, voilà pourquoi
vous ne voyez pas M. Hennequin à côté du gérant de la Gazette
de Flandre et d'Artois. Que vient-on nous parler d'argent ;
comme s'il pouvait y avoir autre chose qu'une question d'honneur, quand il s'agit de défendre la liberté de la presse. Vous

---

(1) Voici le texte de la lettre de M. Hennequin :

MM.

J'ai reçu hier matin la lettre que vous m'avez fait
l'honneur de m'écrire, et j'ai voulu, avant de vous répondre, réfléchir un moment sur mes devoirs.

La discussion générale sur la loi des douanes a été
close hier à 6 heures. Lundi commence le débat des articles; et vous savez que s'est sur ce terrain que les indus-
tries rivales se sont données rendez-vous. La lutte doit
occuper au-delà de huit jours et vous êtes jugés le 19,
terme fatal qui ne me laisse pas même le droit de déli-
bérer sur la résolution à prendre. L'absence de l'un des
députés du Nord, pendant que s'agitent des questions de
vie et de mort pour les classes ouvrières, pour les fortu-
nes, pour la prospérité du département, est une chose
que vous condamneriez. Je me suis déjà trouvé dans
une situation toute semblable. Placé dans la nécessité
de choisir entre l'acceptation d'une affaire fort grave et
l'honneur de combattre la loi organique du vote secret,
je n'ai pas hésité. Je suis resté à la chambre. Je dois
vous dire aussi que MM. les délégués des fabricants de
sucre indigène de Lille se sont mis en relation avec
moi. La commission travaille et peut-être le rapport
succédera-t-il aux débats sur la loi des douanes. Vous
voyez que je suis retenu à mon banc par des liens im-
possibles à rompre, et cependant je manque à la défense
des hommes qui ont appelé sur moi la confiance de l'ar-
rondissement et qu'il m'eut été si doux de seconder à
mon tour de mon zèle et de mes efforts! Qu'y faire ? il
faut accepter la vie comme elle est faite et ne pas se
tromper de devoir. J'ai dit, j'ai promis d'immoler nos
intérêts les plus chers à l'accomplissement de mon
mandat politique, et je vous assure que je le prouve en
ne me rendant pas à votre appel.

                                        Recevez, etc.

vous étonnez que deux avocats viennent la protéger contre vos
attaques; sachez donc que le barreau tout entier se leverait pour
vous combattre, quand vous touchez à la plus chère de nos
libertés ! (Mouvement et approbation dans tout l'auditoire.)

L'accusation est revenue avec persistance sur la fiction des
hommes de paille. Pourquoi rappelez-vous un scandale dont le
vieux libéralisme seul a donné l'exemple ! L'accusation n'a pas
osé aborder franchement la question, la seule qui doive être
posée. Tout à l'heure en effet, MM. les jurés, on ne vous deman-
dera pas : l'article est-il coupable? Mais on vous dira ; le gérant
est-il coupable de l'avoir inséré? C'est là le seul point à décider ;
pourquoi chercher à venir effrayer votre droiture par des subti-
lités de légiste auxquelles vous devez rester étrangers. Pourquoi
surtout venir vous menacer d'une contradiction avec le jury parisien. Graces à Dieu , ce n'est point à la capitale à venir dicter
des lois à votre conscience ; et c'est là un monopole dont tout
homme d'honneur ne voudra jamais subir l'humiliation. Le jury
du Nord a déjà protesté noblement de son indépendance à cet
égard, et il continuera à être digne de ces antécédents qui l'ont
placé si haut dans l'opinion publique, en refusant d'accepter cette
nouvelle et étrange entrave que les hommes de la centralisation
voudraient imposer à sa courageuse indépendance. »

Cette dernière et chaleureuse allocution parait avoir produit la
plus grande sensation sur les bancs de MM. les jurés. Ils se re-
tirent dans la chambre des délibérations, et au bout d'une demi
heure, ils rapportent un verdict d'acquittement qui est. comme
celui de l'Emancipateur , accueilli par les applaudissements de
l'auditoire.

POST-SCRIPTUM.

A peine avons-nous relu les épreuves de notre brochure, que de nouvelles tracasseries judiciaires sont déjà suscitées aux deux journaux que le jury du Nord vient d'absoudre : Le gérant de la *Gazette de Flandre et d'Artois*, M. Desurmont, est cité en police correctionnelle, sous le frivole prétexte d'avoir annoncé la mise en vente du procès *de la Mode*, en ajoutant que la liste des acheteurs serait publiée. M. H. Carion, rédacteur-gérant de *l'Emancipateur*, vient de son côté de comparaître pardevant M. le juge d'instruction, pour une lettre en patois du pays, adressée à son journal par un bon et naïf paysan du Cambrésis.

Pour donner à nos amis le mot de ces poursuites dont l'acharnement va jusqu'à la fureur, et l'absurdité jusqu'à la niaiserie, nous nous contenterons de leur faire observer qu'il y a plusieurs moyens de ruiner un journal, c'est à savoir : d'obtenir contre lui de grosses amendes, lorsque le jury est complaisant ; et lorsque le jury se refuse à entrer dans les vues violentes du parquet, d'accabler ce journal de procès qui ne laissent pas que de devenir dispendieux même pour celui qui les gagne. C'est sans doute dans l'espoir d'atteindre enfin ce but, que le parquet de Douai se signale tristement entre tous les parquets de France par son odieuse animosité contre la presse indépendante, et principalement contre *l'Emancipateur*. Ce journal a déjà eu le bonheur de battre quatre fois le parquet. Mais nos amis ne doivent pas ignorer le dicton des plaideurs : trois procès gagnés équivalent à un procès perdu. MM. les procureurs-généraux ont pour payer les frais de leurs défaites la bourse des contribuables. On comprend qu'il devient impossible à la caisse d'un journal de soutenir la lutte avec avantage. Nous comptons donc sur l'appui de tous nos amis; et nous les engageons doublement et dans l'intérêt des bonnes doctrines, et pour assurer l'existence des seuls journaux qui représentent, dans le pays, leurs principes en défendant leurs intérêts, à propager par tous les moyens, *la Gazette de Flandre et d'Artois*, et *l'Emancipateur*.

Les considérations que nous venons d'exposer nous ont engagé à porter le prix de cette brochure à 1 fr. 50 c.

L'EMANCIPATEUR, *Journal de la Flandre, de l'Artois, et du Cambrésis*, paraît le mercredi et le samedi de chaque semaine, après l'arrivée du courrier, et donne les nouvelles du jour.

L'ÉMANCIPATEUR donne dans chaque numéro, 1. Un résumé des nouvelles de Paris et des provinces, 2. Des nouvelles des villes de la Flandre, du Cambrésis et de l'Artois; 3. Un résumé complet des débats parlementaires, judiciaires, etc.; 4. Un article de haute politique sur la question du moment, et tous les samedis, une revue des événemens politiques de la semaine; 5. Un article de philosophie religieuse; 6. Un résumé des nouvelles des pays étrangers; 7. Un feuilleton de littérature, histoire locale, etc.: 8. Souvent un article variétés sur la politique secondaire, l'agriculture, les modes, etc.; 9. Une feuille d'annonces, un bulletin commercial et l'état civil. — Il est rendu compte des ouvrages dont on déposera deux exemplaires au bureau du Journal.

ON S'ABONNE à PARIS, à l'office Correspondance, rue Notre-Dame-des-Victoires, 18, et chez Justin, place de la Bourse, 8. — A ARRAS, chez Topino, libraire, rue St Aubert. — A BÉTHUNE, au bureau de la REVUE ARTÉSIENNE. — A BOULOGNE, A MONTREUIL, aux bureaux de poste. — A SAINT-OMER, chez Baclé, libraire. — A SAINT-POL, chez Massias, libraire. — A LILLE, chez Vanakère, père, libraire. — A CAMBRAI, au bureau du Journal, rue de St.-Jean, n° 12, et chez Hattu et Mme veuve Giard, libraires, Grand'Place. — A DOUAI, chez Bétrémieux, libraire. — A VALENCIENNES, chez Giard, libraire. — A AVESNES, DUNKERQUE, HAZEBROUCK, aux bureaux de poste.

CONDITIONS DE L'ABONNEMENT : A CAMBRAI, par an, 20 fr. — Par trimestre, 8 fr. — Hors de Cambrai, par an, 26 fr. — Par trimestre, 6 fr. 50 c.

La GAZETTE DE FLANDRE ET D'ARTOIS paraît tous les soirs, excepté le dimanche. Elle est distribuée dans toutes les communes le jour de sa date, et donne les nouvelles du jour 24 heures avant les journaux de Paris.

On s'abonne à LILLE rue Marais, 2; à ARRAS, rue St-Maurice, 40, près la porte Meaulens, à Paris, à l'Office-Correspondance, rue Notre-Dame-des-Victoires. PRIX, Lille.... Un an, 56 fr.: 6 mois, 28 f.; 3 mois, 14 f. — Hors Lille, 62 fr. — 31 f. — 15 f. 50.

www.ingramcontent.com/pod-product-compliance
Lightning Source LLC
Chambersburg PA
CBHW070918210326
41521CB00010B/2239